Maggi®

KOCHSTUDIO

Grillen

Kreative Rezeptideen rund ums Grillen

Tre Torri

Inhalt

Vorwort

Verwöhnen Sie Familie, Freunde und sich selbst mit den besten Grill-Klassikern und überraschenden Kreationen vom heißen Rost.

Im neuen Buch aus dem Maggi Kochstudio finden Sie tolle Ideen und ungeahnte Möglichkeiten rund ums Grillen.

Fleisch und Würstchen, Fisch und Gemüse, Salate, Saucen, Dips … unsere leckeren Rezepte bringen viel Abwechslung in die Grillsaison und sind schnell und unkompliziert zuzubereiten.

Ergänzend zu den Rezepten haben wir hilfreiche praktische Tipps zum Thema Grillen für Sie zusammengestellt. Die Maggi Ernährungsplus-Symbole geben Ihnen wertvolle Ernährungsinformationen.

Wir wünschen Ihnen viel Spaß beim gemeinsamen Grillen - mit dem Maggi Kochstudio jetzt noch einfacher, abwechslungsreicher und genussvoller!

Ihre

Birgit Grün

Birgit Grün
Leitung Maggi Kochstudio
hilft, berät, gibt Tipps

Kennen Sie die Ernährungsplus-Symbole schon?

Ernährungsplus-Symbole – so heißen unsere neuen Infopunkte, die Ihnen jetzt immer öfter begegnen werden. Auf Maggi Produkten, vor allem aber in unseren Rezepten.
Zum Beispiel bei Rezepten, die laut den Empfehlungen der Deutschen Gesellschaft für Ernährung (kurz: DGE) besonders »fettarm« oder »vegetarisch« sind.
Aber sehen Sie selbst, welche unterschiedlichen Ernährungsplus-Symbole es gibt und für was sie stehen:

Bei dem Ernährungsplus-Symbol **»fettarm«** können Sie sicher sein, dass höchstens 30 % der Gesamtkalorien des Gerichtes aus Fett stammen (Rechenhilfe zum Nachprüfen: 1g Fett liefert rund 9 kcal).

Dieses Ernährungsplus-Symbol findet sich bei Rezepten mit **reinem Sonnenblumenöl**. Dieses ist cholesterinfrei, reich an Vitamin E und besitzt einen hohen Gehalt an der essenziellen Fettsäure Linolsäure.

Für alle, die auf Fleisch verzichten möchten: Rezepten mit dem Ernährungsplus-Symbol »vegetarisch« liegt eine »ovolacto-vegetabile Rezeptur« zugrunde (also rein aus pflanzlichen Zutaten, Milcherzeugnissen und Eiern).

Dieses Ernährungsplus-Symbol findet sich bei Rezepten, die je nach Mahlzeit 7–9 g **Ballaststoffe** enthalten und damit einen echten Beitrag dazu leisten, die täglich empfohlene »Ballaststoffration« von 30 g zu erreichen.

Das Ernährungsplus-Symbol **»kalorienarm«** findet sich bei Rezepten, die pro Portion nicht mehr als 450 kcal enthalten.

Was Sie wissen sollten!

Geschichte

Das Grillen ist eine sehr alte Methode zur Zubereitung von Fleisch. Schon die Urzeit-Menschen warfen Fleisch zum Garen direkt in die Glut.

An der Oberfläche des Grillguts werden Temperaturen um 180 °C erreicht, im Inneren wird es aufgrund des eingelagerten Wassers selten heißer als 95 °C. Dadurch wird das Fleisch außen kross und innen saftig. Durch Reaktionen zwischen den Kohlenhydraten und Aminosäuren im Fleisch entstehen die typischen Grill-Aromen.

Gesundheit

Beim Grillen kann auf zusätzliches Bratfett verzichtet werden, was vorteilhaft für die Ernährung ist. Um zu vermeiden, das Flüssigkeit vom Grillgut in die Glut tropft, können Sie Grillschalen oder Alufolie verwenden. Denn wenn Marinade, Fett oder Wasser mit der heißen Kohle in Berührung kommen, bildet sich gesundheitlich bedenklicher Rauch.

Das schmeckt vom Grill

Es muss nicht immer Bratwurst sein. Heute wird fast alles gegrillt, denn das wachsende Gesundheitsbewusstsein spiegelt sich auch in der Grillkultur wider.

Unter den Fleischsorten eignen sich besonders Schwein, Geflügel und Rind zum Grillen. Kalb und Wild dagegen trocknen schnell aus und verlieren an Geschmack. Auf gepökeltes Fleisch sollten Sie verzichten.

Fisch ist eine gesunde und leckere Alternative. Besonders gut eignen sich festfleischige Fische wie Lachs, Thunfisch und Forelle.

Auch Gemüse wie Paprikaschoten, Tomaten, Zucchini, Mais und Zwiebeln lassen sich hervorragend grillen und sorgen für Abwechslung auf dem Rost. Selbst Obst mit festem Fruchtfleisch wie Äpfel, Birnen, Pfirsiche, Papaya und Aprikosen schmecken vom Grill.

Richtig grillen

- Den Grill mindestens 30 Minuten vorher anheizen und das Durchglühen der Holzkohle mit Fächer oder Blasebalg beschleunigen. Nie Alkohol oder Benzin verwenden, es besteht Explosionsgefahr!
- Die optimale Grilltemperatur ist erreicht, wenn die Kohle mit weißer Asche bedeckt ist.
- Den Grillrost dünn mit Öl bestreichen, damit das Grillgut nicht anklebt.
- Mariniertes Grillgut vor dem Auflegen abtupfen, damit nichts in die Glut tropft.
- Zum Wenden eine Grillzange verwenden. Nicht mit einer Gabel in das Grillgut stechen, da der Saft austritt und so das Fleisch austrocknet.
- Kräuter (Rosmarin, Thymian, Lorbeer) in Alufolie einwickeln und in die Glut legen. Das sorgt für noch mehr Aroma.
- Bei Verwendung von Alufolie darauf achten, dass die matte Seite außen liegt. Sie leitet die Wärme besser als die glänzende Seite, das Grillgut wird schneller gar.
- Holzspieße vor dem Aufstecken des Grillgutes in Wasser legen, damit sie beim Grillen nicht verkohlen.
- Grillrost nach jeder Benutzung reinigen, z. B. mit einer Messingbürste oder zusammengeknüllter Alufolie.
- Die Glut im Grill kann mit Sand oder durch Schließen sämtlicher Belüftungsöffnungen erstickt werden.

Grillgeräte

Für Grillgeräte gibt es verschiedene Prüf- und Gütezeichen. Das Q-Zeichen zum Beispiel wird vom TÜV vergeben. Es weist darauf hin, dass der Grill einfach zu handhaben ist, sich die Hitze gut verteilt und dass das Gerät gesundheitlich unbedenklich arbeitet, weil abtropfende Flüssigkeiten in einer Wanne aufgefangen werden.

Der gängigste Grill ist der Holzkohlegrill – rund, eckig und zunehmend auch als Kugelgrill mit Deckel, was ein besonders gleichmäßiges Garen ermöglicht. Ungeduldige, die nicht lange Kohle anheizen und Glut entfachen wollen, verwenden einen Gas- oder Elektrogrill. Und wer auch mal bei schlechtem Wetter grillen möchte, kann das mit einem »heißen Stein«, einem elektrischen Tischgrill oder in einem mit Grillspiralen ausgerüsteten Backofen tun.

Grillzubehör

Unverzichtbar ist ein aus Zange und Schaufel bestehendes Grillbesteck mit ausreichend langen Armen, damit man sich die Hand nicht über dem Feuer verbrennt. Außerdem sind Grillgitter sinnvoll, in die man empfindliches Grillgut wie z. B. ganze Forellen einlegen kann.

Dip

Friséesalat mit Senfdressing und Croûtons

4 Portionen

Zubereitungszeit:	15 Min.
1 Kopf Friséesalat	putzen, waschen und in mundgerechte Stücke zerpflücken.
1 Paprikaschote, rot	waschen, Kerne und weiße Innenhäute entfernen und in Würfel schneiden.
1 Dose (150 g) Mais	abtropfen lassen.
	In einer Schüssel
10 EL THOMY Salat-Genuss Senf Dressing	mit den Salatzutaten mischen.
2 Scheiben Vollkorntoastbrot	in Würfel schneiden und in
20 g Butter	goldbraun rösten.
2 EL Mandelstifte	zugeben und mitrösten. Mit
2 EL Schnittlauchröllchen	garniert servieren.

MAGGI KOCHSTUDIO Ernährungsinfo:

Kalorienarm

Je Portion:
B: 861 kJ (206 kcal)
N: E 4 g, KH 13 g, F 15 g

Endivien-Birnen-Salat und Knoblauchchips

Foto oben

4 Portionen

Zubereitungszeit:	40 Min.
	Für die Knoblauchchips:
1 Baguette-Brötchen	in sehr dünne Scheiben schneiden.
	In einer Pfanne
3 EL THOMY Sonne & Olive	heiß werden lassen.
1 Knoblauchzehe	schälen und durchpressen. Mit den Brotscheiben in das heiße Öl geben und goldgelb braten. Auf
Küchenkrepp	abtropfen lassen.
1 Kopf Endivien	putzen, waschen und in mundgerechte Stücke zerpflücken.
1 Dose (850 ml) LIBBY'S Birnen, halbe Frucht	abtropfen lassen, Saft auffangen. Die Hälfte der Birnen in Spalten schneiden und zu dem Endiviensalat geben. Die andere Hälfte mit
50 g Roquefort	und 3 EL Birnensaft mit dem Schneidestab pürieren. Mit
Kräuter Fondor	würzen und abschmecken. Mit dem Salat mischen und den Knoblauchchips bestreut servieren.
MAGGI KOCHSTUDIO Ernährungsinfo:	*Je Portion:* *B: 1072 kJ (246 kcal)* *N: E 3 g, KH 28 g, F 14 g*

Ratatouille-Salat

4 Portionen

Zubereitungszeit:	30 Min.
300 g BUITONI Eliche	nach Anweisung auf der Packung zubereiten, abgießen und abkühlen lassen.
3 Paprikaschoten; rot, gelb, grün	waschen, Kerne und weiße Innenhäute entfernen und in Würfel schneiden.
1 Zucchini	putzen, waschen und in Würfel schneiden.
200 g Cocktailtomaten	waschen und halbieren.
1 Knoblauchzehe	schälen und durchpressen.
	In einer Schüssel
100 ml THOMY Salat-Genuss Estragon Dressing	mit Knoblauch und
2 TL MAGGI Würzmischung 4 – knackige Salate	verrühren. Die Salatzutaten mit dem Dressing mischen und ca. 1 Std. ziehen lassen.
	Zubereitungszeit ohne Standzeit.
MAGGI KOCHSTUDIO Ernährungsinfo:	*Je Portion:* *B: 1418 kJ (336 kcal)* *N: E 11 g, KH 61 g, F 4 g*

Griechischer Bauernsalat »Mykonos«

Foto

4 Portionen

Zubereitungszeit:	25 Min.
3 Fleischtomaten	waschen, den Blütenansatz entfernen und in Würfel schneiden.
1 Paprikaschote, rot	und

1 Paprikaschote, grün	waschen, Kerne und weiße Innenhäute entfernen und in feine Streifen schneiden.
1 Zwiebel	schälen.
1 Salatgurke	putzen, waschen und beides in dünne Scheiben schneiden. Die Salatzutaten in eine Schüssel geben und mit
12 EL THOMY Salat-Genuss Olive Balsamico	mischen.
75 g Feta Käse	in kleine Würfel schneiden.
3 Peperoni, eingelegt, mild	abtropfen lassen und in Ringe schneiden. Mit dem Fetakäse über den Salat streuen.

MAGGI KOCHSTUDIO
Ernährungsinfo: Kalorienarm

Je Portion:
B: 830 kJ (200 kcal)
N: E 6 g, KH 11 g, F 13 g

Tutifrutti-Salat

6 Portionen

Zubereitungszeit: 20 Min.

In einem Topf
800 ml Wasser zum Kochen bringen.
400 g Langkornreis zugeben und bei geringer Wärmezufuhr zugedeckt ca. 20 Min. ausquellen lassen. Anschließend abkühlen lassen.
1 Dose (850 ml) LIBBY´S Fruchtcocktail abtropfen lassen und den Saft auffangen.

Für das Dressing:
100 g THOMY Joghurt Salat-Creme mit 2 EL Fruchtsaft,
3 EL Limettensaft und
1 EL Curry verrühren. Reis und Früchte untermischen und ca. 1 Std. ziehen lassen.

Zubereitungszeit ohne Standzeit.

MAGGI KOCHSTUDIO
Ernährungsinfo:
Je Portion:
B: 1418 kJ (336 kcal)
N: E 5 g, KH 66 g, F 4 g

Brotsalat

Foto

6 Portionen

Zubereitungszeit: 25 Min.

Backofen auf 200 °C vorheizen.
300 g Fladenbrot im Backofen ca. 10 Min. rösten und in Würfel schneiden.
1 Salatgurke putzen, waschen, halbieren, entkernen und in Würfel schneiden.
5 Tomaten waschen, den Blütenansatz und die Kerne entfernen und in Würfel schneiden.
1 Paprikaschote, gelb waschen, Kerne und weiße Innenhäute entfernen und in Würfel schneiden.

1 Zwiebel	schälen und in Würfel schneiden.
150 g Schafskäse	in Würfel schneiden.
	Für das Dressing:
100 ml THOMY Salat-Genuss Olive Balsamico	mit
2 TL MAGGI Würzmischung 4 – knackige Salate	mischen.
	Alle Zutaten (bis auf das Brot) zugeben und ca. 1 Std. ziehen lassen.
	Das Brot zugeben, unterrühren und servieren.
	Zubereitungszeit ohne Standzeit.

MAGGI KOCHSTUDIO
Ernährungsinfo:

Je Portion:
B: : 988 kJ (236 kcal)
N: E 9 g, KH 28 g, F 9 g

Bunter Salat Fiesta

10 Portionen

Zubereitungszeit: 25 Min.

1 Kopf Eisbergsalat	putzen, waschen und in mundgerechte Stücke zerpflücken.
2 Zucchini	putzen, waschen und in Scheiben schneiden.
1 Gemüsezwiebel	schälen und in Ringe schneiden.
1 Avocado	halbieren, den Kern entfernen, schälen und in Scheiben schneiden.
$^1/_2$ Zitrone	auspressen. Die Avocado mit dem Saft beträufeln.
1 Dose (425 ml) Mais	abtropfen lassen.
	Alle Salatzutaten in einer großen Schüssel mischen.
	Für die Salatsoße:
1 Bund Schnittlauch	waschen und klein schneiden.
	In einer Schüssel
1 Becher (150 g) Sahne, sauer	und
1 Becher (150 g) Joghurt, 3,5 % Fett	verrühren. Mit
Kräuter Fondor	würzen und abschmecken. Schnittlauchröllchen zugeben.
	Salatsauce getrennt zu dem Salat servieren.

MAGGI KOCHSTUDIO
Ernährungsinfo: Kalorienarm, Vegetarisch

Je Portion:
B: 465 kJ (111 kcal)
N: E 3 g, KH 7 g, F 7 g

Gemüsesalat mit Kräutercreme

2 Portionen

Zubereitungszeit:	30 Min.
150 g Broccoli	putzen, waschen und in Röschen teilen.
12 Möhren, jung	putzen, waschen und schälen, etwas von dem Grün dranlassen.
4 Stangen Staudensellerie	putzen, waschen und in Scheiben schneiden.
12 Stück Zuckerschoten	putzen und waschen.
4 Stangen Spargel, grün	waschen, evtl. das untere Drittel schälen.
2 l Wasser	mit
Salz	zum Kochen bringen. Das Gemüse darin ca. 8 Min. bissfest garen. In
1 l Eiswasser	abschrecken.
	Für die Kräutercreme:
60 g THOMY Delikatess-Mayonnaise, a. d. Glas	mit
30 g Crème fraîche	
100 ml Milch	und
1 Spritzer Zitronensaft	verrühren und mit
MAGGI Würzmischung 1 – gebratenes Fleisch	würzen und abschmecken.
1 Bund Petersilie	
1 Bund Schnittlauch	und
1 Bund Estragon	waschen, Blättchen von den Stielen zupfen, klein schneiden und unter die Mayonnaise geben. Die gekochten Gemüse auf Tellern anrichten, mit der Kräutercreme beträufeln und mit Salatblättern garniert servieren (z.B. Friséesalat, Lollo Rosso).

MAGGI KOCHSTUDIO Ernährungsinfo:

Je Portion:
B: 2469 kJ (595 kcal)
N: E 20 g, KH 52 g, F 32 g

Spaghetti-Salat

Foto

6 Portionen

Zubereitungszeit: 20 Min.

500 g BUITONI Spaghetti	nach Anweisung auf der Packung zubereiten, abgießen und abkühlen lassen.
1 Limette	auspressen.
1 Bund Sauerampfer	putzen, waschen und klein schneiden.
3 Orangen	und
1 Grapefruit, rosa	mit einem Messer schälen, dabei die weiße Haut entfernen und Spalten aus den Trennhäuten schneiden.
	Für das Dressing:
4 EL THOMY Reines Sonnenblumenöl	mit Limettensaft,
1 EL Honig	und
2 TL MAGGI Würzmischung 4 – knackige Salate	verrühren.
	Orangen, Grapefruit und Spaghetti zugeben und ca. 1 Std. ziehen lassen.

Zubereitungszeit ohne Standzeit.
Tipp: Anstelle von Sauerampfer kann auch Zitronenmelisse verwendet werden.

MAGGI KOCHSTUDIO Ernährungsinfo: Fettarmes Rezept, Kalorienarm, Vegetarisch

Je Portion:
B: 1813 kJ (430 kcal)
N: E 10 g, KH 72 g, F 10 g

Kartoffel-Avocado-Salat

6 Portionen

Zubereitungszeit: 45 Min.

750 g Kartoffeln, festkochend	waschen, in der Schale kochen, schälen und in ca. 1/2 cm dicke Scheiben schneiden.
2 Schalotten	schälen und in kleine Würfel schneiden.

	In einem Topf
125 ml Wasser	zum Kochen bringen.
4 EL MAGGI Gourmet Bouillon Gemüse	zufügen. Schalotten zugeben und bei geringer Wärmezufuhr ca. 5 Min. kochen. Über die Kartoffeln geben und zugedeckt ca. 30 Min. ziehen lassen.
1 Avocado	halbieren, den Kern entfernen und schälen. In Viertel und dann in Scheiben schneiden.
1 Zitrone	auspressen und die Avocado mit dem Zitronensaft beträufeln.
2 EL Essig	
3 EL THOMY Reines Sonnenblumenöl	
1 Becher (à 150 g) NESTLÉ LC1 Pur	und
2 EL Schmand	verrühren. Avocado und Kartoffeln mit dem Dressing mischen.
$^1/_2$ Bund Rucola	putzen, waschen, in mundgerechte Stücke zerpflücken und mit dem Salat mischen.
2 EL Kürbiskerne	in einer Pfanne ohne Fett rösten, abkühlen lassen, den Salat auf Tellern anrichten und mit den Kürbiskernen garniert servieren.

MAGGI KOCHSTUDIO
Ernährungsinfo:

Je Portion:
B: 1160 kJ (277 kcal)
N: E 5 g, KH 21 g, F 18 g

Grüner Kartoffelsalat

6 Portionen

Zubereitungszeit:	35 Min.
750 g Kartoffeln	waschen, in der Schale kochen, schälen und in Scheiben schneiden.
1/2 Glas (314 ml) Tomaten in Öl	abtropfen lassen und in feine Streifen schneiden.
1 Bund Rucola	putzen, waschen und in mundgerechte Stücke zerpflücken. Alle Zutaten in eine Schüssel geben und mit
1 Glas (250 ml) THOMY Remoulade	und
200 ml Milch	mischen. Mit
1 TL THOMY Delikatess-Senf	und
1 Prise Pfeffer a. d. Mühle	würzen und abschmecken.

MAGGI KOCHSTUDIO
Ernährungsinfo:

Je Portion:
B: 1927 kJ (465 kcal)
N: E 7 g, KH 35 g, F 33 g

Kartoffelsalat Klabautermann

4 Portionen

Zubereitungszeit:	60 Min.
500 g Kartoffeln	waschen, in der Schale kochen, abkühlen lassen, schälen und in Scheiben schneiden.
1 Packung (300 g) Erbsen, tiefgefroren	auftauen lassen, zugeben.
200 g Shrimps	waschen, trockentupfen und zugeben.
10 Cocktailtomaten	waschen, halbieren und zugeben. Die Salatzutaten mit
4 EL THOMY Joghurt Salat-Creme	
2 EL Zitronensaft	und
2 EL Wasser	verrühren und durchziehen lassen.

MAGGI KOCHSTUDIO Ernährungsinfo:

Fettarmes Rezept · Kalorienarm

Je Portion:
B: 1213 kJ (290 kcal)
N: E 18 g, KH 34 g, F 7 g

Kartoffel-Wurst-Salat

6 Portionen

Zubereitungszeit:	45 Min.
1 kg Kartoffeln	waschen, ca. 20 Min. in der Schale kochen, schälen und in Würfel schneiden.
250 g Fleischwurst	pellen und in Würfel schneiden.
2 EL Kapern	grob hacken.
3 EL Oliven, schwarz (entsteint)	in Ringe schneiden.
6 Gewürzgurken	in Würfel schneiden.
2 Zwiebeln	schälen und in Würfel schneiden.
1 Bund Schnittlauch	waschen und in Ringe schneiden.
	Für das Dressing:
1 EL THOMY Delikatess-Senf	
1 EL THOMY Meerrettich, a. d. Glas	
8 EL THOMY Reines Sonnenblumenöl	
2 EL Essig	
2 EL Gewürzgurkenflüssigkeit	und
3 TL Fondor	verrühren.
	Die Salatzutaten mit dem Dressing mischen und ca. 1 Std. ziehen lassen.
	Zubereitungszeit ohne Standzeit.
MAGGI KOCHSTUDIO Ernährungsinfo:	*Je Portion:* *B: 1892 kJ (454 kcal)* *N: E 10 g, KH 29 g, F 31 g*

Paprika-Dip

8 Portionen

Zubereitungszeit: 15 Min.

1 Bund Schnittlauch waschen und in Röllchen schneiden.

2 Paprikaschoten, rot und gelb waschen, Kerne und weiße Innenhäute entfernen und halbieren. Mit der Hautseite nach oben auf ein Backblech legen. Unter dem Grill ca. 10 Min. rösten, bis die Haut Blasen wirft. Herausnehmen, Paprikaschoten mit einem Geschirrtuch abdecken, 10 Min. ruhen lassen. Anschließend die Haut abziehen und in Würfel schneiden.

Paprikaschoten, Schnittlauch,

2 EL THOMY Delikatess-Senf und

1 Flasche THOMY Snack Creme Hot Chili verrühren und 1 Std. ziehen lassen.

Servieren Sie den Dip zu gegrilltem Fleisch.

Zubereitungszeit ohne Standzeit.

MAGGI KOCHSTUDIO Ernährungsinfo:

Je Portion:
B: 440 kJ (106 kcal)
N: E 1 g, KH 7 g, F 7 g

Zwiebel-Ragout

8 Portionen

Zubereitungszeit:	55 Min.
500 g Schalotten	schälen und in Würfel schneiden.
	In einem Topf
150 ml Wasser	und
250 ml Rotwein	zum Kochen bringen.
3 TL MAGGI Würzmischung 1 – gebratenes Fleisch	und die Schalotten zugeben und ca 40 Min. offen garen. Mit
1 TL Majoran	würzen und abschmecken.

Servieren Sie das Ragout zu gegrilltem Fleisch.

MAGGI KOCHSTUDIO Ernährungsinfo:

Je Portion:
B: 145 kJ (34 kcal)
N: E 1 g, KH 2 g, F 0 g

Kalter Kräuter-Dip

4 Portionen

Zubereitungszeit: 20 Min.

In einem Topf
200 ml Wasser erwärmen.
1 Beutel MAGGI Meisterklasse Kräuter-Sauce mit feiner Dill-Note einrühren. Unter Rühren zum Kochen bringen und bei geringer Wärmezufuhr 3 Min. kochen. Dabei gelegentlich umrühren. Von der Kochstelle nehmen und
4 EL Sahne, süß unterrühren. Die Sauce etwas abkühlen lassen.
1 Becher (150 g) NESTLÉ LC1 Pur unterrühren.
1 Ei hart kochen, pellen und in Würfel schneiden.
1 Gewürzgurke in kleine Würfel schneiden. Zusammen mit dem Ei unterrühren.

MAGGI KOCHSTUDIO
Ernährungsinfo:

Je Portion:
B: 429 kJ (102 kcal)
N: E 2 g, KH 3 g, F 8 g

Minze-Dip mit Bohnen

10 Portionen

Zubereitungszeit: 10 Min.

½ Bund Minze	waschen, Blättchen von den Stielen zupfen und klein schneiden.
1 Dose (850 ml) Bohnen, weiß	abtropfen lassen. Die Bohnen zusammen mit
1 Glas (250 ml) THOMY Joghurt Salat-Creme	pürieren. Minze und
6 EL Zitronensaft	unterrühren. Mit
1 TL Fondor	würzen und abschmecken.

MAGGI KOCHSTUDIO Ernährungsinfo:

Je Portion:
B: 563 kJ (135 kcal)
N: E 4 g, KH 12 g, F 6 g

Curry-Apfel-Mayonnaise

4 Portionen

Zubereitungszeit: 20 Min.

1 Zwiebel schälen und in Würfel schneiden.

1 Apfel waschen, schälen, halbieren, Kerngehäuse entfernen, in Achtel schneiden und in Würfel schneiden, zugeben und mitdünsten.

In einer Pfanne

2 EL THOMY Reines Sonnenblumenöl heiß werden lassen und die Zwiebel darin glasig dünsten. Apfel zugeben und kurz mitbraten.

125 ml Wasser zugießen,

1 Beutel MAGGI Meisterklasse Zubereitung für Curry-Rahmsauce einrühren, unter Rühren aufkochen lassen. Anschließend abkühlen lassen und pürieren.

100 g THOMY Salat-Mayonnaise unterrühren und als Dip kalt servieren.

MAGGI KOCHSTUDIO Ernährungsinfo:

Je Portion:
B: 959 kJ (231 kcal)
N: E 1 g, KH 11 g, F 20 g

Vanille-Ingwer-Mayonnaise

4 Portionen

Zubereitungszeit: 10 Min.

1 Stück (ca. 2 cm) Ingwer schälen und fein hacken.
1 Knoblauchzehe schälen und fein hacken.
1 Glas (250 ml) THOMY Salat-Mayonnaise mit Ingwer und Knoblauch verrühren.
1 Vanilleschote längs aufschlitzen, das Mark heraus kratzen und mit der Mayonnaise mischen.

MAGGI KOCHSTUDIO
Ernährungsinfo:

Je Portion:
B: 1340 kJ (324 kcal)
N: E 0 g, KH 9 g, F 31 g

Mango-Senf-Dip

Foto

8 Portionen

Zubereitungszeit:	15 Min.
1 Bund Schnittlauch	waschen und in Ringe schneiden.
1 Mango, frisch	schälen, das Fruchtfleisch vom harten Kern entfernen und in kleine Würfel schneiden. Mit
2 EL THOMY Delikatess-Senf	pürieren. Schnittlauch und
250 g Speisequark, 20 % F. i. Tr.	unterrühren. Mit
2 TL MAGGI Würzmischung 1 – gebratenes Fleisch	würzen und abschmecken.
	Servieren Sie den Dip zu gegrilltem Fleisch.
MAGGI KOCHSTUDIO Ernährungsinfo:	Fettarmes Rezept *Je Portion: B: 344 kJ (81 kcal) N: E 4 g, KH 11 g, F 2 g*

Blauschimmel-Dip

10 Portionen

Zubereitungszeit:	10 Min.
200 g Blauschimmelkäse	mit einer Gabel grob zerdrücken.
1 Dose (425 ml) LIBBY'S Birnen, halbe Frucht	abtropfen lassen, in große Stücke schneiden und zu dem Käse geben.
1 Glas (250 ml) THOMY Joghurt Salat-Creme	zugeben. Mit dem Schneidestab pürieren. Mit
2 TL Fondor	würzen und abschmecken.
	Servieren Sie den Dip zu gegrilltem Fleisch.
MAGGI KOCHSTUDIO Ernährungsinfo:	*Je Portion: B: 775 kJ (182 kcal) N: E 4 g, KH 12 g, F 12 g*

Feurige Erdnußsalsa

4 Portionen

Zubereitungszeit:	15 Min.
1 Zwiebel, klein	und
2 Knoblauchzehen	schälen. Beides in kleine Würfel schneiden.
	In einem Topf
1 TL Butter	heiß werden lassen und beides darin andünsten.
125 ml Wasser	zugießen und zum Kochen bringen.
4 EL Erdnusscreme	unterrühren. Mit
1 TL MAGGI Würze	und
2 TL Sambal oelek	würzen und abschmecken.
	Gekühlt servieren.
MAGGI KOCHSTUDIO Ernährungsinfo:	Kalorienarm *Je Portion:* *B: 567 kJ (135 kcal)* *N: E 5 g, KH 3 g, F 10 g*

Apfel-Zucchini-Chutney

Foto

6 Gläser

Zubereitungszeit:	100 Min.
125 g Äpfel, getrocknet	in kleine Würfel schneiden und mit
2 EL Rum, weiß	mischen.
1 kg Zucchini	putzen, waschen und in Würfel schneiden.
800 g Äpfel, säuerlich	waschen, schälen, in Viertel schneiden, Kerngehäuse entfernen und Äpfel in Würfel schneiden.
25 g Ingwer	schälen und in Stücke schneiden.

	In einem Topf alles zusammen mit
1 Stange Zimt	
6 Gewürznelken	
6 Lorbeerblättern	und den Blättern von
8 Stengel Minze	
100 g Zucker, braun	
150 ml Weißweinessig	und
MAGGI Würzmischung 1 – gebratenes Fleisch	zum Kochen bringen und bei geringer Wärmezufuhr ca. 1 1/4 Std. kochen. Nach Belieben mit
Weißweinessig	und
MAGGI Würzmischung 1 – gebratenes Fleisch	würzen und abschmecken. Heiß in Gläser füllen und sofort verschließen. Hält ca. 1/2 Jahr.

Zubereitungszeit ohne Kochzeit.
Tipp: Servieren Sie das Chutney als Dip zu Fleischgerichten.

MAGGI KOCHSTUDIO
Ernährungsinfo: Fettarmes Rezept, Vegetarisch

Je Gläser:
B: 1531 kJ (365 kcal)
N: E 6 g, KH 63 g, F 7 g

Oliven-Stockbrot

Foto

4 Brote

Zubereitungszeit:	40 Min.
	In eine Schüssel
500 g Mehl	geben.
1 Päckchen Trockenhefe	und
300 ml Milch, lauwarm	zugeben und verkneten.
4 TL MAGGI Würzmischung 6 – Pasta & Pizza	
1/2 TL Zucker	und
5 EL THOMY Sonne & Olive	zugeben und alles zu einem glatten Teig verkneten. An einem warmen Ort zugedeckt ca. 30 Min. ruhen lassen.
200 g Oliven, schwarz (entsteint)	klein schneiden und unter den Teig kneten. Den Teig in vier gleiche Teile teilen und zu langen Würstchen rollen. Um einen Stock oder Holzkochlöffel wickeln und über dem Grill ca. 30 Min. backen.
	Zubereitungszeit ohne Ruhezeit.
MAGGI KOCHSTUDIO Ernährungsinfo:	*Je Portion:* *B: 3295 kJ (789 kcal* *N: E 16 g, KH 96 g, F 36 g*

Kräuterbrot »Provencale«

8 Portionen

Zubereitungszeit:	40 Min.
100 g Butter	in kleine Stücke schneiden. In eine Schüssel
500 g Mehl	geben.
1 Päckchen Trockenhefe	
1/2 TL Zucker	und
150 ml Milch, lauwarm	zugeben und verkneten. Butter unterkneten.

2 EL MAGGI Würzmischung 7 – Gebratenes & Gegrilltes und
1 EL THOMY Tomadoro Tomatenmark zugeben.
150 ml Wasser, warm zugießen. Alles zu einem glatten Teig kneten und ca. 30 Min. an einem warmen Ort zugedeckt ruhen lassen.

Backofen auf 180 °C vorheizen.

Auf einer bemehlten Fläche zwei Fladen ausrollen und mit einer Gabel mehrmals einstechen. Im Backofen ca. 30 Min. backen.

Zubereitungszeit ohne Ruhezeit.

MAGGI KOCHSTUDIO Ernährungsinfo:

Je Portion:
B: 1347 kJ (322 kcal)
N: E 7g, KH 46g, F 11g

Korfu-Päckchen

4 Stück

Zubereitungszeit:	40 Min.
600 g Feta Käse	in vier gleiche Stücke schneiden. Mit
Kräuter Fondor	würzen.
	Für die Paste:
1 Peperoni	waschen, Kerne und weiße Innenhäute entfernen und in Würfel schneiden.
2 Knoblauchzehen	schälen und in kleine Würfel schneiden.
2 Zwiebeln	schälen und in Würfel schneiden.
10 Oliven, schwarz (entsteint)	in kleine Würfel schneiden.
$^{1}/_{2}$ Bund Petersilie	waschen und klein schneiden. Peperoni, Knoblauch, Zwiebeln, Oliven und Petersilie mit
4 EL THOMY Sonne & Olive	verrühren.
4 Blätter Frühlingsrollenteig	flach auf eine Arbeitsplatte legen und etwas Paste darauf verstreichen. Jeweils 1 Scheibe Feta Käse darauf legen und die restliche Paste darauf streichen. Zu einem Päckchen zusammenklappen. Die Päckchen mit der durchscheinenden Seite nach oben auf
4 Blätter Frühlingsrollenteig	geben und zu einem Päckchen zusammenklappen. Auf dem Grill unter mehrmaligem Wenden ca. 25 Min. grillen. Dabei gelegentlich mit
etwas THOMY Sonne & Olive	bestreichen.
	Tipp: Frühlingsrollenteig bekommen Sie im Asia-Laden.
MAGGI KOCHSTUDIO Ernährungsinfo:	*Je Portion:* *B: 2654 kJ (635 kcal)* *N: E 27 g, KH 10 g, F 53 g*

Zucchini-Päckchen mit Tofu

8 Päckchen

Zubereitungszeit:	30 Min.
250 g Tofu	in 8 gleich große Stücke schneiden.
	Für die Marinade:
1 EL THOMY Delikatess-Senf	mit
2 TL MAGGI Würzmischung 1 – gebratenes Fleisch	und
100 ml THOMY Salat-Genuss Olive Balsamico	verrühren. Den Tofu darin für ca. 2 Std. marinieren.
2 Zucchini, groß	putzen, waschen und längs in 16 Scheiben schneiden.
	In einem Topf
Wasser	zum Kochen bringen und die Zucchinischeiben darin ca. 30 Sek. blanchieren. Herausnehmen und abtropfen lassen.

Jeweils 2 Zucchini-Scheiben über Kreuz legen und 1 Stück Tofu darauf legen. Zusammenklappen und evtl. mit einem Zahnstocher feststecken.
Auf dem Grill unter mehrmaligem Wenden ca. 15 Min. grillen.

Zubereitungszeit ohne Marinierzeit.

MAGGI KOCHSTUDIO
Ernährungsinfo:

Je Portion:
B: 346 kJ (83 kcal)
N: E 5 g, KH 2 g, F 5 g

Gemüse Puffer

4 Portionen

Zubereitungszeit: 35 Min.

600 g Kartoffeln waschen, schälen und grob reiben. Das sich bildende Wasser abgießen.
500 g Möhren putzen, waschen, schälen und grob raspeln. Das sich bildende Wasser abgießen.
2 Zwiebeln schälen und reiben.
1 Dose (212 ml) Mais abtropfen lassen.

In einer Schüssel
3 Eier
3 EL (gehäuft) Mehl
4 EL MAGGI Internationale Würzsauce Chakalaka und
4 TL MAGGI Würzmischung 2 – Gemüse & helle Soßen zu einem glatten Teig verrühren. Das Gemüse unterrühren.
4 EL Haferflocken, zart unterheben. Daraus mit den Händen kleine Puffer formen und die Flüssigkeit ausdrücken.

Auf dem Grill unter mehrmaligem Wenden ca. 10–15 Min. grillen.

MAGGI KOCHSTUDIO Ernährungsinfo: mit Ballaststoffen · Fettarmes Rezept · Kalorienarm

Je Portion:
B: 1475 kJ (352 kcal)
N: E 13 g, KH 57 g, F 6 g

Gemüse aus der Glut

4 Portionen

Zubereitungszeit:	30 Min.
1 Aubergine	putzen, waschen, in Scheiben schneiden.
2 Gouda-Scheibletten	halbieren, jeweils ½ Scheibe zwischen 2 Auberginen-scheiben legen, mit
MAGGI Würzmischung 6 – Pasta & Pizza	würzen und
20 g Butterflöckchen	darauf verteilen.
2 Fenchelknollen	putzen, waschen, halbieren, Wurzelenden keilförmig herausschneiden, mit
MAGGI Würzmischung 2 – Gemüse & helle Soßen	würzen und
20 g Butterflöckchen	darauf verteilen.
4 Fleischtomaten	waschen, den Blütenansatz entfernen oben kreuzweise einschneiden, mit
MAGGI Würzmischung 6 – Pasta & Pizza	würzen und
40 g Doppelrahm-Frischkäse	darauf verteilen. Jeweils 1 Sorte Gemüse in Aluminiumfolie einschlagen und ca. 10 Min. (Fenchelknollen 15 Min.) in der Glut garen.

MAGGI KOCHSTUDIO Ernährungsinfo:

Je Portion:
B: 812 kJ (193 kcal)
N: E 7 g, KH 10 g, F 13 g

Zwiebelsäckchen

4 Portionen

Zubereitungszeit:	50 Min.
4 Zwiebeln, rot	schälen.
100 g Rote Bete, a. d. Glas	in Würfel schneiden.
50 g Schafskäse	in Würfel schneiden.
	In einer Pfanne
25 g Walnusskerne	ohne Fett goldbraun rösten und klein hacken.
	In einem Topf
1 l Wasser	heiß werden lassen.
1 EL MAGGI Bouillon Mediterranea	darin auflösen und die Zwiebeln darin bei mittlerer Wärmezufuhr ca. 15 Min. garen. Die Zwiebeln herausnehmen, etwas abkühlen lassen und aushöhlen. Das Innere in Würfel schneiden.
	Walnüsse, Schafskäse, Rote Bete und Zwiebelwürfel in die ausgehöhlten Zwiebeln füllen. Mit
4 EL Rotweinessig	beträufeln. Aus
Aluminiumfolie	4 Stücke à 20 x 20 cm schneiden und die Zwiebeln darin einwickeln. Auf dem Grill unter mehrmaligem Wenden ca. 25 Min. grillen.
MAGGI KOCHSTUDIO Ernährungsinfo:	Vegetarisch — *Je Portion:* *B: 413 kJ (98 kcal)* *N: E 4 g, KH 5 g, F 6 g*

Zucchini-Kartoffeln

4 Portionen

Zubereitungszeit: 70 Min.

500 g Kartoffeln waschen, schälen und in dünne Scheiben schneiden.
2 Zucchini putzen, waschen und in Scheiben schneiden.
100 g Schinkenspeck in kleine Würfel schneiden. Aus Aluminiumfolie 4 gleiche Stücke schneiden. Die matte Seite mit
2 EL THOMY Reines Sonnenblumenöl bestreichen. Kartoffel- Zucchinischeiben und Schinkenspeckwürfel darauf verteilen.
Mit
1 Prise MAGGI Würzmischung 7 – Gebratenes & Gegrilltes würzen.
80 g Gouda, 45 % Fett i. Tr. fein reiben.
4 EL Petersilie waschen, Blättchen von den Stielen zupfen und klein schneiden. Jeweils 1 EL Petersilie und 1 TL Gouda darüber streuen. Die Folie zu einem Päckchen zusammenfalten, auf den heißen Grill legen und ca. 50 Min. grillen.

Dazu Bratwürstchen, Steaks oder gebackenen Schafskäse reichen.

MAGGI KOCHSTUDIO Ernährungsinfo:

Je Portion:
B: 1150 kJ (275 kcal)
N: E 14 g, KH 20 g, F 14 g

Gemüse marinata

Foto

4 Portionen

Zubereitungszeit: 40 Min.

2 Paprikaschoten waschen, Kerne und weiße Innenhäute entfernen und längs vierteln.
2 Zucchini putzen, waschen und in Scheiben schneiden.
250 g Champignons, frisch putzen und halbieren.

	In einer Pfanne
4 EL THOMY Sonne & Olive	heiß werden lassen, das Gemüse darin nach und nach dünsten. Alles in eine flache Auflaufform geben.
1 Knoblauchzehe	schälen, durchpressen und in das Bratfett geben.
125 ml Wasser	zugießen, zum Kochen bringen und
2 1/2 TL MAGGI Klare Gemüsebrühe (Glas)	darin auflösen. Mit
1 Messerspitze Oregano	
1 TL Thymian	und
1 Prise Pfeffer a. d. Mühle	würzen und abschmecken. Brühe über das Gemüse gießen und ca. 3 Std. durchziehen lassen.

Zubereitungszeit ohne Marinierzeit.

MAGGI KOCHSTUDIO
Ernährungsinfo:

Je Portion:
B: 661 kJ (159 kcal)
N: E 4 g, KH 5 g, F 13 g

Gegrillte Zucchinischeiben

2 Portionen

Zubereitungszeit:	30 Min.
	Den Tischgrill nach Anweisung mit Wasser befüllen und ca. 10–15 Min. vorheizen.
2 (à 200 g) Zucchini	putzen, waschen und der Länge nach in drei Scheiben schneiden. Von beiden Seiten mit
2 TL THOMY Sonne & Olive	bepinseln und mit
MAGGI Würzmischung 4 – knackige Salate	würzen. Auf den heißen Grill legen und von jeder Seite ca. 3 Min. grillen.
80 g Ziegenkäse	in Streifen schneiden, die Zucchinischeiben damit belegen und schmelzen lassen. Mit
3 EL Minze, gehackt	garniert servieren.
	Tipp: Servieren Sie dazu Fladenbrot.
MAGGI KOCHSTUDIO Ernährungsinfo:	*Je Portion:* *B: 754 kJ (180 kcal)* *N: E 10 g, KH 4 g, F 13 g*

Papaya Texicana

Foto

4 Portionen

Zubereitungszeit:	35 Min.
2 Papaya	halbieren und die Kerne mit einem Löffel entfernen.
2 Paprikaschoten, rot	und
2 Chilischoten, rot	waschen, Kerne und weiße Innenhäute entfernen und in Würfel schneiden.

1 Dose (212 ml) Mais abtropfen lassen.
Paprikaschoten, Chilischoten und Mais mit

8 EL MAGGI Internationale Würzsauce Texicana Salsa mischen und in die Papayahälften füllen.

Aus **Aluminiumfolie** (doppelt zusammengeschlagen) 4 Stücke à 20 x 20 cm schneiden. Die Papayahälften darauf setzten, oben zusammenklappen und mehrmals falten. Die seitlichen Enden so falten, dass ein Päckchen entsteht.
Auf dem Grill ca. 25 Min. grillen.

MAGGI KOCHSTUDIO
Ernährungsinfo:

Je Portion:
B: 378 kJ (90 kcal)
N: E 2 g, KH 17 g, F 0 g

Maiskolben mit Knoblauch und Majoran

4 Portionen

Zubereitungszeit:	30 Min.
4 Maiskolben, frisch	putzen und waschen.
	In einem Topf mit Siebeinsatz
Wasser	zum Kochen bringen. Die Maiskolben in den Siebeinsatz geben und ca. 20 Min. zugedeckt garen.
	Für die Marinade:
4 Stengel Majoran	waschen, Blättchen von den Stielen zupfen und klein schneiden.
1 Knoblauchzehe	schälen und durchpressen. Den Knoblauch und den Majoran mit
4 EL THOMY Reines Sonnenblumenöl	und
MAGGI Würzmischung 1 – gebratenes Fleisch	verrühren. Die Maiskolben mit der Marinade bestreichen und auf dem Grill in einer Alu-Grillschale von allen Seiten ca. 10 Min. grillen.
	Tipp: Verwenden Sie die Marinade zum Marinieren von Steaks.
MAGGI KOCHSTUDIO Ernährungsinfo:	Kalorienarm · mit Sonnenblumenöl *Je Portion:* *B: 503 kJ (122 kcal)* *N: E 0 g, KH 2 g, F 12 g*

Glasierte Schweinerückensteaks

4 Portionen

Zubereitungszeit:	20 Min.
4 Schweinerückensteaks (à 150 g)	waschen und trockentupfen
1 Limette	auspressen.
	In einer Schüssel
200 ml MAGGI Internationale Würzsauce Asia	mit
2 EL Ananaskonfitüre **2 EL Honig** **2 TL FONDOR für Geflügel – mit Paprika**	und dem Limettensaft verrühren. Auf dem Grill unter mehrmaligem Wenden ca. 10 Min. grillen. Dabei die Steaks mit der Marinade bestreichen.

MAGGI KOCHSTUDIO Ernährungsinfo: Fettarmes Rezept, Kalorienarm

Je Portion:
B: 1385 kJ (331 kcal)
N: E 32 g, KH 30 g, F 8 g

Gegrillte Hackfleischröllchen

6 Portionen

Zubereitungszeit:	45 Min.
125 ml Wasser	in eine Schüssel geben.
1 Beutel MAGGI Fix für Hackbraten	einrühren.
500 g Hackfleisch	zugeben.
1 Paprikaschote, rot	und
1 Paprikaschote, grün	waschen, Kerne und weiße Innenhäute entfernen und in Würfel schneiden.
1 Knoblauchzehe	schälen und durchpressen.
1 Banane	schälen, zerdrücken und mit den Paprikawürfeln zu dem Hackfleisch geben.
$^1/_2$ TL Paprikapulver, edelsüß	und
4 EL Milch	zufügen, gut mischen, ca. 20 Röllchen daraus formen und von allen Seiten insgesamt ca. 15 Min. grillen.

MAGGI KOCHSTUDIO
Ernährungsinfo:

Je Portion:
B: 1139 kJ (271 kcal)
N: E 18 g, KH 14 g, F 15 g

Marinierte Grillsteaks

4 Portionen

Zubereitungszeit:	10 Min.
	Für die Marinade:
3 EL THOMY Grill & Steak Senf	mit
4 EL THOMY Reines Sonnenblumenöl	verrühren.
4 (à 150 g) Schweinerückensteaks	waschen, trockentupfen, mit der Marinade bestreichen und zugedeckt im Kühlschrank ca. 2 Std. marinieren. Die Steaks von beiden Seiten grillen und auf Tellern anrichten. Kurz vor dem Servieren mit
1 Prise Salz	würzen.
	Zubereitungszeit ohne Marinierzeit
MAGGI KOCHSTUDIO Ernährungsinfo:	*Je Portion:* *B: 1380 kJ (331 kcal)* *N: E 33 g, KH 3 g, F 20 g*

THOMY
Grill & Steak
Senf

Koteletts »Chakalaka«

4 Portionen

Zubereitungszeit:	20 Min.
4 (à ca. 250 g) Schweinekoteletts	waschen, trockentupfen und mit
MAGGI Würzmischung 7 – Gebratenes & Gegrilltes	würzen.
	Für die Marinade:
200 ml MAGGI Internationale Würzsauce Chakalaka	mit
4 EL Aceto Balsamico	verrühren.
1 Knoblauchzehe	schälen und dazupressen. Das Fleisch mit der Marinade bestreichen und ca. 2 Std. ziehen lassen. Auf dem Grill unter mehrmaligem Wenden ca. 15 Min. grillen.
	Zubereitungszeit ohne Marinierzeit.
MAGGI KOCHSTUDIO Ernährungsinfo:	Fettarmes Rezept, Kalorienarm *Je Portion:* *B: 1440 kJ (344 kcal)* *N: E 43 g, KH 18 g, F 10 g*

Koteletts »Italia«

Foto

4 Portionen

Zubereitungszeit:	40 Min.
4 (à ca. 250 g) Schweinekoteletts	waschen, trockentupfen und mit
MAGGI Würzmischung 6 – Pasta & Pizza	würzen.

Für die Marinade:

4 Sardellen grob hacken.

2 EL Kapern klein schneiden.

½ Bund Basilikum waschen, Blättchen von den Stielen zupfen und klein schneiden.

200 ml MAGGI Internationale Würzsauce Texicana Salsa mit Sardellen, Basilikum und Kapern mischen.

Das Fleisch mit der Marinade bestreichen und ca. 2 Std. ziehen lassen. Auf dem Grill unter mehrmaligem Wenden ca. 25 Min. grillen.

Zubereitungszeit ohne Marinierzeit

MAGGI KOCHSTUDIO

Ernährungsinfo: Kalorienarm

Je Portion:
B: 1726 kJ (412 kcal)
N: E 56 g, KH 14 g, F 14 g

Wurstschnecke vom Grill

6 Portionen

2 EL THOMY Scharfer Senf	mit
1 EL THOMY Tomadoro Tomatenmark	
2 EL Weißwein	
2 TL MAGGI Würze	und
1 Prise Cayennepfeffer	verrühren.
1 Apfel	waschen, schälen, halbieren, Kerngehäuse entfernen, in Achtel schneiden und in Spalten schneiden.
1 Zwiebel	schälen und in Stücke schneiden.
1 kg Bratwurst, grob	(am Stück) zu einer großen Schnecke aufrollen.
4 Scheiben Frühstücksspeck	in Stücke schneiden und mit Apfel- und Zwiebelstücken abwechselnd zwischen die aufgerollte Bratwurst stecken und mit Spießen feststecken. Auf den heißen Grill legen und von jeder Seite ca. 10 Min. grillen, dabei mehrmals mit der Grillsauce bestreichen.

MAGGI KOCHSTUDIO Ernährungsinfo:

Je Portion:
B: 2534 kJ (604 kcal)
N: E 30 g, KH 4 g, F 51 g

Bratwurstspieße

4 Portionen

Zubereitungszeit:	15 Min.
1 Paprikaschote, rot	waschen, Kerne und weiße Innenhäute entfernen und in Würfel schneiden.
4 Bratwürste, gebrüht	in 2 cm lange Stücke schneiden und abwechselnd mit den Paprikawürfeln auf
4 Spieße	stecken.
	In einer beschichteten Pfanne
1 EL THOMY Reines Sonnenblumenöl	heiß werden lassen. Die Bratwürste von allen Seiten braun braten. Spieße herausnehmnen und warmstellen.
1 Packung THOMY Les Sauces Pfeffer Sahne-Sauce	in der Pfanne heiß werden lassen. Die Spieße mit der Sauce servieren.
MAGGI KOCHSTUDIO Ernährungsinfo:	*Je Portion:* *B: 1754 kJ (419 kcal)* *N: E 17 g, KH 8 g, F 35 g*

Gegrillte Spareribs

4 Portionen

Zubereitungszeit:	20 Min.
	In einer Schüssel
2 EL Tomaten-Ketchup	mit
2 EL Bienenhonig	
1 TL MAGGI Würzmischung 1 – gebratenes Fleisch	und
1 TL MAGGI Würze	verrühren.
1 kg Spareribs	waschen, trockentupfen und mit der Mischung bestreichen. 4 Std. durchziehen lassen, auf den heißen Grill legen, von jeder Seite ca. 15 Min. grillen. Dabei mehrmals mit der Marinade bestreichen.
MAGGI KOCHSTUDIO Ernährungsinfo:	*Je Portion:* *B: 1933 kJ (462 kcal)* *N: E 51 g, KH 9 g, F 24 g*

Rinderhüftsteaks »pfeffrig-pikant«

4 Portionen

Zubereitungszeit:	25 Min.
800 g Rinderhüftsteaks	waschen, trockentupfen und mit
MAGGI Würzmischung 7 – Gebratenes & Gegrilltes	würzen.
2 Zwiebeln, rot	schälen und in Ringe schneiden.
1 EL Pfefferkörner, bunt	mit einem Mörser grob zerstoßen. Mit
8 EL THOMY Sonne & Olive	verrühren. Die Zwiebelringe zugeben. Das Fleisch in die Marinade legen und ca. 1 Std. ziehen lassen. Die Marinade abstreichen. Auf dem Grill unter mehrmaligem Wenden ca. 15 Min. grillen. Vor dem Servieren mit der restlichen Marinade beträufeln.
	Zubereitungszeit ohne Marinierzeit.
MAGGI KOCHSTUDIO Ernährungsinfo:	*Je Portion:* *B: 1848 kJ (445 kcal)* *N: E 43 g, KH 2 g, F 28 g*

Rib-Eye-Steaks

Foto

6 Portionen

Zubereitungszeit:	30 Min.
	In einer Schüssel
3 EL THOMY Reines Sonnenblumenöl	mit
4 EL MAGGI Würzmischung 7 – Gebratenes & Gegrilltes	verrühren.
3 Knoblauchzehen	schälen und in kleine Würfel schneiden.

3 Chilischoten, rot waschen, Kerne und weiße Innenhäute entfernen und in Stücke schneiden. Knoblauch und Chilischoten zur Öl-Würz-mischung geben.

6 Rib-Eye-Steaks waschen, trockentupfen und mit der Marinade bestreichen. Steaks in eine Schüssel legen und zugedeckt 1 Std. im Kühlschrank durchziehen lassen. Fleisch abtropfen lassen, das Würzöl auffangen und das Fleisch während des Grillens damit bestreichen. Die Steaks von jeder Seite 5–10 Min. grillen.

Servieren Sie dazu Gemüsespieße und Kräutermayonnaise.

Zubereitungszeit ohne Marinierzeit.

MAGGI KOCHSTUDIO
Ernährungsinfo: mit Sonnenblumenöl

Je Portion:
B: 1896 kJ (453 kcal)
N: E 54 g, KH 0 g, F 26 g

Gegrillter Lammrücken

4 Portionen

Zubereitungszeit: 45 Min.

4 (à 200 g) Lammrückenfilets waschen, trockentupfen und jedes Filet der Länge nach in der Mitte mit einem scharfen Messer einschneiden. Mit dem Stiel eines Kochlöffels ein rundes Loch formen.

300 g Schafskäse in lange Streifen schneiden, die so dick sind, wie das Loch in den Filets. Mit Hilfe des Kochlöffelstiels den Schafskäse in das Loch drücken.

1 Beutel MAGGI Fix für Ofentopf Winzer Art mit

6 EL THOMY Sonne & Olive verrühren. Die gefüllten Lammrückenfilets in der Marinade ca. 1 Std. marinieren.

Auf dem Grill unter mehrmaligem Wenden ca. 25 Min. grillen.

Tipp: Servieren Sie den Lammrücken mit frischen Kräutern, wie z.B. Rosmarin, Thymian oder Oregano

Zubereitungszeit ohne Marinierzeit.

MAGGI KOCHSTUDIO

Ernährungsinfo:

Je Portion:
B: 2505 kJ (600 kcal)
N: E 54 g, KH 5 g, F 40 g

Gegrillte Lammkoteletts mit Baguette Provencale

6 Portionen

Zubereitungszeit: 30 Min.

6 (à 150 g) Lammkoteletts waschen und trockentupfen. Mit **1 EL THOMY Reines Sonnenblumenöl** einpinseln und mit **MAGGI Würzmischung 7 – Gebratenes & Gegrilltes** würzen. Auf den heißen Grill legen und von jeder Seite ca. 5 Min. grillen.

Für das Baguette:

1 kleines Baguette der Länge nach einschneiden.
100 g Butter schaumig rühren, mit **2 TL MAGGI Würzmischung 7 – Gebratenes & Gegrilltes** mischen, die Brothälften damit bestreichen, zusammenklappen, in **Aluminiumfolie** einwickeln, auf den Grill legen und ca. 10 Min. grillen. Das Baguette in Scheiben schneiden und zu den Lammkoteletts servieren.

MAGGI KOCHSTUDIO

Ernährungsinfo:

Je Portion:
B: 2352 kJ (562 kcal)
N: E 30 g, KH 21 g, F 39 g

Asiatische Hähnchenspieße

4 Portionen

Zubereitungszeit: 25 Min.

700 g Hähnchenbrustfilet waschen, trockentupfen und in 2 x 2 cm große Würfel schneiden.

1 Bund Frühlingszwiebeln putzen, waschen und in ca. 3 cm lange Stücke schneiden. Abwechselnd auf

Holzspieße stecken. Auf den Grill legen, mit

200 ml MAGGI Internationale Würzsauce Asia bestreichen und ca. 5 Min. grillen. Die Spieße wenden, mit der restlichen Sauce bestreichen und weitere 5 Min. grillen.

Servieren Sie dazu Asiatische Eiernudeln oder Glasnudeln.

MAGGI KOCHSTUDIO
Ernährungsinfo: Fettarmes Rezept, Kalorienarm

Je Portion:
B: 1142 kJ (274 kcal)
N: E 41 g, KH 22 g, F 1 g

Geflügelspieße

4 Portionen

Zubereitungszeit: 20 Min.

400 g Hähnchenbrustfilet	waschen, trockentupfen und in Würfel schneiden.
2 Tomaten	waschen, den Blütenansatz entfernen und in Viertel schneiden.
2 Frühlingszwiebeln	putzen, waschen, und in 3 cm lange Stücke schneiden.
4 Champignons, frisch	putzen und halbieren.
4 Scheiben Frühstücksspeck	in Stücke schneiden. Alle Zutaten abwechselnd auf
4 Holzspieße	verteilen. Mit
MAGGI Würzmischung 3 – pikantes Geflügel	würzen und mit
1 EL THOMY Reines Sonnenblumenöl	bestreichen, auf einen heißen Grill legen und ca. 10 Min. grillen.

MAGGI KOCHSTUDIO
Ernährungsinfo:

Je Portion:
B: 910 kJ (218 kcal)
N: E 28 g, KH 1 g, F 11 g

Hähnchenschenkel pineapple

4 Portionen

Zubereitungszeit:	25 Min.
4 (à 200 g) Hähnchenschenkel	waschen, trockentupfen. Aus
3 EL THOMY Reines Sonnenblumenöl	
2 EL Sherry	
2 TL Curry	
1 Prise Zimt	und
MAGGI Würzmischung 1 – gebratenes Fleisch	eine Marinade bereiten, die Hähnchenschenkel damit bestreichen und zugedeckt ca. 2 Std. ziehen lassen. Abtropfen lassen, auf einen heißen Grill legen und von jeder Seite ca. 10–15 Min. grillen.
1 Dose (236 ml) LIBBY'S Natursüß Ananas in Scheiben (4)	abtropfen lassen, kurz mitgrillen und mit den Hähnchenschenkeln auf Tellern anrichten.
	Zubereitungszeit ohne Marinierzeit.
MAGGI KOCHSTUDIO Ernährungsinfo:	*Je Portion:* *B: 1958 kJ (470 kcal)* *N: E 36 g, KH 7 g, F 31 g*

Joghurt-Minz-Wings

12 Stück

Zubereitungszeit: 45 Min.

12 Stück (à 60 g) Chicken Wings (Hähnchenflügel)	waschen und trockentupfen.
1 Zitrone, unbehandelt	heiß abwaschen, die Schale abreiben und den Saft auspressen.
$^1/_2$ Bund Minze	waschen, Blättchen von den Stielen zupfen und klein schneiden.
	Für die Marinade:
1 Flasche THOMY Salat-Genuss Yogo Dressing	mit
3 EL THOMY Sonne & Olive	
1 EL Honig	der Minze, Zitronenschale und -saft verrühren. Mit
1 EL FONDOR für Geflügel – mit Paprika	würzen. Die Chicken Wings in der Marinade ca. 3 Std. marinieren. Auf dem Grill unter mehrmaligem Wenden ca. 35 Min. grillen.
	Zubereitungszeit ohne Marinierzeit.

MAGGI KOCHSTUDIO

Ernährungsinfo: *Je Portion:*
B: 1092 kJ (266 kcal)
N: E 10 g, KH 4 g, F 22 g

Chakalaka-Puten-Spieße

4 Portionen

Zubereitungszeit: 30 Min.

4 Stangen Staudensellerie putzen und waschen.
600 g Putenbrust waschen, trockentupfen und längs in 4 Streifen schneiden. Die Putenstreifen so einschneiden, dass mit dem Staudensellerie das Putenfleisch wellenartig aufgespießt werden kann.

Die Spieße in
200 ml MAGGI Internationale Würzsauce Chakalaka ca. 2 Std. marinieren.
Aus der Marinade nehmen. Auf dem Grill unter mehrmaligem Wenden ca. 10 Min. grillen. Dabei gelegentlich mit der Würzsauce bestreichen.

Zubereitungszeit ohne Marinierzeit.

MAGGI KOCHSTUDIO
Ernährungsinfo:
Je Portion:
B: 1092 kJ (266 kcal)
N: E 10 g, KH 4 g, F 22 g

Entenbrustspieße

8 Spieße

Zubereitungszeit:	35 Min.
8 Holz- oder Metallspieße	ca. 10 Min. in
Wasser	legen.
600 g Entenbrust	waschen, trockentupfen und in Würfel schneiden. Mit
MAGGI Würzmischung 3 – pikantes Geflügel	würzen. Das Fleisch auf die Spieße stecken.
	Für die Marinade:
1 Orange, unbehandelt	heiß abwaschen, die Schale abreiben und den Saft auspressen. Den Orangensaft mit
1/2 TL Zimt	
1/2 TL Anis	
1/2 TL Kreuzkümmel, gemahlen	und
200 ml MAGGI Internationale Würzsauce Asia	verrühren. Die Spieße mit der Marinade bestreichen und ca. 2 Std. marinieren. Auf dem Grill unter mehrmaligem Wenden ca. 15 Min. grillen. Vor dem Servieren mit der restlichen Marinade beträufeln.
	Zubereitungszeit ohne Marinierzeit.
MAGGI KOCHSTUDIO Ernährungsinfo:	*Je Portion:* *B: 919 kJ (219 kcal)* *N: E 13 g, KH 11 g, F 13 g*

Fischkoteletts Parmigiano

4 Portionen

Zubereitungszeit: 25 Min.

4 (à 250 g) Heilbuttkoteletts	waschen, trockentupfen.
1 Zitrone	auspressen. Die Fischkoteletts mit dem Saft beträufeln und mit
MAGGI Würzmischung 6 – Pasta & Pizza	würzen.
	Die Fischkoteletts in
1 EL Parmesan, gerieben	wenden. Die Fischkoteletts auf einen heißen Grill legen und von jeder Seite ca. 7 Min. grillen.

MAGGI KOCHSTUDIO Ernährungsinfo: Kalorienarm Vegetarisch

Je Portion:
B: 893 kJ (214 kcal)
N: E 40 g, KH 1 g, F 4 g

Gegrillter Schwertfisch

4 Portionen

Zubereitungszeit:	30 Min.
4 (à 200 g) Schwertfisch-Filets	waschen und trockentupfen.
	Für die Marinade:
1/2 Bund Koriander	waschen, Blättchen von den Stielen zupfen und klein schneiden.
1/2 TL Kümmel	und
1/2 TL Fenchelsamen	in einem Mörser zerstoßen.
	Koriander, Kümmel und Fenchelsamen mit
8 EL THOMY Reines Sonnenblumenöl	und
1/2 EL Fondor	verrühren. Auf dem Grill unter mehrmaligem Wenden ca. 15 Min. grillen. Dabei mit der Marinade bestreichen.
MAGGI KOCHSTUDIO Ernährungsinfo:	*Je Portion:* *B: 1969 kJ (474 kcal)* *N: E 40 g, KH 2 g, F 33 g*

Lachssteaks in Zitrus-Marinade

4 Portionen

Zubereitungszeit: 35 Min.

4 (à 150 g) Lachssteaks waschen und trockentupfen.
1 Limette, unbehandelt und
1 Orange, unbehandelt heiß abwaschen und die Schale abreiben.

Für die Marinade:
6 EL THOMY Sonne & Olive mit der Limetten-, Orangenschale und
4 TL MAGGI Würzmischung 4 – knackige Salate verrühren.
Die Lachssteaks in die Marinade legen und ca. 2 Std. marinieren.
Auf dem Grill unter mehrmaligem Wenden ca. 15 Min. grillen.
Vor dem Servieren mit der restlichen Marinade bestreichen.

Zubereitungszeit ohne Marinierzeit.

MAGGI KOCHSTUDIO
Ernährungsinfo:

Je Portion:
B: 1614 kJ (389 kcal)
N: E 28 g, KH 4 g, F 27 g

Thunfisch-Wirsing-Röllchen

4 Portionen

Zubereitungszeit:	35 Min.
400 g Thunfisch-Filets	waschen, trockentupfen und in 4 längliche Stücke schneiden.
	Für die Marinade:
3 cm Ingwer	schälen und fein reiben.
150 ml MAGGI Internationale Würzsauce Asia	mit
1 TL Doppelrahm-Frischkäse	
2 TL THOMY Meerrettich, a. d. Glas	und dem Ingwer verrühren. Den Thunfisch darin ca. 1 Std. marinieren.
1 Dose (236 ml) LIBBY´S Ananas Dessert-Stücke	abtropfen lassen.
1/2 Bund Frühlingszwiebeln	putzen, waschen und in Ringe schneiden.
4 Stück Wirsingblätter	waschen.
	In einem Topf
500 ml Wasser	mit
1/2 TL Fondor	zum Kochen bringen. Die Wirsingblätter zugeben und ca. 1 Min. blanchieren. Mit kaltem Wasser abschrecken, abtropfen lassen und trockentupfen.
	Die Wirsingblätter ausbreiten und die Hälfte der Ananas und der Frühlingszwiebeln darauf verteilen. Jeweils 1 Stück Thunfisch und 1/2 EL Marinade darauf geben. Den Rest der Ananas und der Frühlingszwiebeln auf dem Thunfisch verteilen. Die Wirsingblätter zusammenrollen. Aus
Aluminiumfolie	(doppelt zusammengeschlagen) 4 Stücke à 20 x 20 cm schneiden. Die Folienstücke mit
THOMY Reines Sonnenblumenöl	einfetten, die Wirsingröllchen darauf legen und einrollen. Auf dem Grill unter mehrmaligem Wenden ca. 20 Min. grillen.
	Zubereitungszeit ohne Marinierzeit.
MAGGI KOCHSTUDIO Ernährungsinfo:	*Je Portion:* *B: 1372 kJ (328 kcal)* *N: E 23 g, KH 21 g, F 16 g*

Rotbarben mit Brunnenkresse-Butter

4 Portionen

Zubereitungszeit:	35 Min.
4 (à 350 g) Rotbarben, küchenfertig	waschen und trockentupfen.
1 Bund Brunnenkresse	waschen, Blättchen von den Stielen zupfen und klein schneiden.
1 Zitrone, unbehandelt	heiß abwaschen, die Schale abreiben und den Saft auspressen.
100 g Butter, weich	mit Brunnenkresse, Zitronensaft und -schale verrühren. Mit
1 TL MAGGI Würzmischung 4 – knackige Salate	würzen.
	Die Rotbarben mit der Brunnenkresse-Butter füllen, in
Aluminiumfolie	wickeln. Auf dem Grill unter mehrmaligem Wenden ca. 20 Min. grillen.

MAGGI KOCHSTUDIO
Ernährungsinfo:

Je Portion:
B: 2296 kJ (548 kcal)
N: E 70 g, KH 2 g, F 27 g

Gefüllte Makrelen

4 Portionen

Zubereitungszeit:	20 Min.
4 (à 300 g) Makrelen, küchenfertig	waschen, trockentupfen und mit
MAGGI Würzmischung 4 – knackige Salate	innen und außen würzen.
2 Zwiebeln	schälen und in Würfel schneiden.
4 Scheiben Speck, durchwachsen u. geräuchert	in Würfel schneiden.
1 EL Petersilie	waschen, klein schneiden und damit mischen. Die Bauchhöhlen der Fische damit füllen. Fisch jeweils mit ½ Scheibe von
4 Scheiben Speck, durchwachsen u. geräuchert	umwickeln. Auf den heißen Grill legen und von jeder Seite ca. 10 Min. grillen.

Servieren Sie dazu Folienkartoffeln und einen Salat.

MAGGI KOCHSTUDIO
Ernährungsinfo:

Je Portion:
B: 2991 kJ (713 kcal)
N: E 65 g, KH 1 g, F 50 g

Forellen in Papier gegart

4 Portionen

Zubereitungszeit:	45 Min.
4 Stück Forellen, küchenfertig	waschen und trockentupfen. Innen mit
8 TL THOMY Meerrettich, a. d. Glas	bestreichen. Mit
MAGGI Würzmischung 6 – Pasta & Pizza	innen würzen.
2 Zitronen	heiß abwaschen, in Scheiben schneiden und in die Forellen legen.
	Aus
Packpapier	8 Bögen à 50 x 50 cm schneiden. Jede Forelle jeweils in 2 Bögen Papier einwickeln. Die Enden fest mit einer Kordel zusammenbinden und ca. 5 Min. in
Wasser, kalt	einweichen. Auf dem Grill unter mehrmaligem Wenden ca. 30 Min. grillen.
	Vor dem Servieren die Enden mit einer Schere abschneiden, das Zeitungspapier längs aufschneiden und aufklappen.
MAGGI KOCHSTUDIO Ernährungsinfo:	Fettarmes Rezept *Je Portion:* *B: 2026 kJ (484 kcal)* *N: E 78 g, KH 5 g, F 15 g*

Mit MAGGI macht das Kochen Spaß!

Rund um den Kochtopf macht uns so schnell keiner was vor. Denn wir vom Maggi Kochstudio – ein Team von ausgebildeten hauswirtschaftlichen Beraterinnen – bieten Ihnen seit über 40 Jahren Hilfestellungen in Fragen der richtigen Ernährung und des zeitgemäßen Kochens. Auch was kulinarische Trends betrifft, sind wir immer auf dem neuesten Stand.

Egal, ob Ihre Soße nicht sämig wird, Sie sich fragen, was Sie morgen kochen sollen, oder wissen wollen, ob und wann Kohlenhydrate dick machen – als Beratungs- und Serviceeinrichtung stehen wir Ihnen mit Rat und Tat zur Seite. Darüber hinaus haben wir stets neue Rezepte, interessante Tipps und Anregungen für Sie parat. Fachliche Kompetenz, eine umfangreiche Bibliothek rund ums Kochen und moderne Küchen zum Erproben unserer neuesten Rezept-Ideen machen es möglich.

Genießen online
Auf www.maggi.de finden Sie über 4.500 Rezepte und interessante Infos zum Thema Kochen und Genießen.

MAGGI Kochstudio Treff
Erleben Sie das Maggi Kochstudio hautnah und lassen Sie sich von immer neuen Rezepten, kreativen Ideen und vielem mehr inspirieren.

MAGGI Kochstudio Treff Frankfurt
Neue Kräme 27
Telefon: 069/91 39 93 22
Fax: 069/91 39 93 23

MAGGI Kochstudio Treff Leipzig
Petersbogen, Petersstraße 36-44
Telefon: 03 41/1 49 77 74
Fax: 03 41/1 49 77 75

MAGGI Kochstudio Treff Hamburg
Bergstraße 17, Ecke Jungfernstieg
Telefon: 040/30 38 17 03
Fax: 040/32 37 40

Maggi
KOCHSTUDIO
hilft, berät, gibt Tipps

60523 Frankfurt am Main, Telefon: 069/66 71 28 41, Mo. bis Fr. von 8:00 bis 17:00 Uhr

Ein glühend heißer Tipp:

Werden Sie Mitglied im MAGGI KOCHSTUDIO CLUB!

Sie möchten Ihre Familie nicht nur mit leckeren italienischen Momenten immer wieder von Neuem überraschen? Dann werden Sie doch für nur 12,27 EUR Mitglied im MAGGI KOCHSTUDIO CLUB. Denn so kommen Sie 365 Tage im Jahr in den Genuss internationaler Ideen, Tipps und Anregungen aus dem MAGGI KOCHSTUDIO. Zum Beispiel mit dem dreimal jährlich erscheinenden MAGGI KOCHSTUDIO CLUB Magazin voller neuer Rezept-Ideen, passend zur Saison. Oder durch das jährlich versendete Probier-Paket mit vielen MAGGI Neuheiten und Rezept-Broschüren. Oder ganz individuell und direkt: durch unsere persönliche Beratung am gebührenfreien Telefon.

Die CLUB-Vorteile:

- 3x im Jahr das CLUB-Magazin mit vielen neuen Rezepten, raffinierten Dekorations-Ideen, jeder Menge Tipps und Tricks, praktischen Schritt-für-Schritt-Anleitungen, Neuigkeiten…
- 1x jährlich ein gut gefülltes Probier-Paket mit den neuesten MAGGI Produkten und interessanten Rezept-Broschüren
- Individuelle Beratung am gebührenfreien CLUB-Telefon
- Persönliche CLUB-Karte mit der gebührenfreien CLUB-Telefonnummer
- Exklusive Einkaufsmöglichkeit im CLUB-Shop
- Jährliches Dankeschön für Ihre Treue
- Keinerlei Kauf- oder Bestellverpflichtung
- Kündigung jederzeit möglich

Das Probier-Paket (Beispiel)

Das CLUB-Magazin

Auch als Geschenk immer eine tolle Idee

Die Geschenkmitgliedschaft ist eine besonders originelle Geschenk-Idee – sogar wenn Sie selbst gar kein CLUB-Mitglied sind: Für nur **12,27 EUR** kommt der Beschenkte gleich ein ganzes Jahr in den Genuss aller CLUB-Vorteile. Und das Beste: Auch Sie erhalten, als kleines Dankeschön, das gut gefüllte MAGGI Probier-Paket.

Melden Sie sich heute noch an unter: 069/66 71-20 99 oder www.maggi.de

Bildnachweis
Fotos: MAGGI KOCHSTUDIO

Herausgeber: MAGGI KOCHSTUDIO

www.tretorri.de

Idee, Konzeption und Umsetzung:
CPA! Communications- und Projektagentur GmbH, Wiesbaden
www.cpagmbh.de

Fotografie: Peter Schulte, Hamburg/Marco Grundt, Hamburg
Buchgestaltung: Michael Kasper Visuelle Kommunikation, Emmelshausen
Satz: Buch-Werkstatt GmbH, Bad Aibling
Reproduktion: Lorenz & Zeller, Inning am Ammersee
Druck & Bindung: Passavia Druckservice GmbH, Passau

Printed in Germany

ISBN: 3-937963-13-8

Weitere Bücher aus dem Maggi Kochstudio

ISBN 3-937963-00-6

ISBN 3-937963-01-04

ISBN 3-937963-02-02

ISBN 3-937963-11-1